U0111420

小學趣事多 ①

玩兵捉賊的神奇結局

孫慧玲 著　山貓 繪

新雅文化事業有限公司
www.sunya.com.hk

　　常常聽到家長抱怨，給小孩看的中文書太少了，小學低年級尤其如是。有說是因為香港的市場太小，書商沒有出版的誘因，那是商業的視角；也有說是因為中國人傳統，兒童書非要講大人才懂的道理，因此孩子興趣不大，這是文化的視角；也有說是兒童書的故事，要嘛是貓貓狗狗只適合幼兒，要嘛都是他們不熟悉的情景，也不是兒童的意境，那是文學的視角。

　　商業的維度，難以解決；文化的習慣，也不是朝夕可以改變。然而，文學的領域，倒是作者可以耕耘的廣闊園地。

　　這套書，就是孫慧玲女士在這方面的開拓。就是兒童熟悉的生活，卻是甚少有人寫的學校片段；可是表達出來，卻是生動活潑，引人入勝的故事。沒有刻意的「講道理」，「道理」卻在其中。希望有更多這樣的作品。

程介明
香港大學榮休教授

2

贈序二

日本動畫大師宮崎駿先生對童年有以下的演繹：
「童年是為了要體會在孩子時候才能夠體會到的事物而存在的。童年時五分鐘的經歷，甚至勝過大人一整年的經歷。」

除了家庭，小學就是孩子度過童年的地方，無論是開心的，不開心的，印象特別深刻的事情，其實都是在小學裏發生的！

《小學趣事多》系列中的幾個故事，我相信，每一天，都在不同校園中發生着，以往如是，現今都是一樣。難得的是，作者用了她的一對童眼，去窺探校園裏面每一個角落，發掘每一天，看似好瑣碎但卻是充滿着童真、好玩、搞鬼的事情，以略帶誇張但又出人意表的情節鋪排，加上細膩的描述，令每一個校園故事在趣味中洋溢着童真、愛和溫情。

這套書，說得上老少咸宜，不但能夠吸引小孩子看，對成年人也很適合，因為小孩子在校園中的件件趣事，迸發出的童真惹笑而煞有介事的言行反應，都能勾起我們自己已經塵封的童年回憶；對小朋友，也絕對能夠引起共鳴，所以我極力推薦給小朋友，亦推薦給家長閱讀。

It's a book too good to be missed.

林浣心 MH JP
英華小學前校長

3

讓兒童文學更好地為兒童成長引路

兒童就是未來，人類的希望寄託在兒童身上。兒童天生好奇，愛不斷探索，創意無限，只有在探索中孕育創意，才能輕鬆學習，不斷超越自己，為未來作更好準備。家長老師要小心保護兒童的好奇心，認真地對待兒童的每一個問題，欣賞兒童每一個探索的行動，更不要讓自己的好奇心泯滅。

兒童文學應發揮表現兒童好奇心和刺激兒童創意的作用。兒童文學作家要永遠懷着一顆不老童心，保持對新事物的敏感性和興趣；要有一雙善於觀察童真童趣的眼睛，捕捉兒童每一個異想天開的意念，發現精彩；善用手上的一枝彩筆，從兒童的角度，寫充滿愛意創意的兒童故事，這樣才能使兒童文學更好地為兒童成長引路。

在此，我要多謝外孫陳駿熙，他自升小學以來，每天放學，總會帶來許多故事。講述故事，有時繪影繪聲煞有介事，有時平平淡淡卻趣味盎然，有時又忿忿不平，甚至滿懷委屈……孩子那表情豐富，洋溢童真的小臉，實在可愛極了！我還要多謝妹妹陳曉嵐，她和哥哥一唱一和，還會加鹽加醋，糾纏不休，智慧鬥一番，讓故事更增添童真童趣。他們口中飛出來奇趣故事，讓我腦海中好玩到不得了的故事藍圖也立即浮現出來，不寫出來跟大家分享，實在浪費！

《小學趣事多》系列四個奇趣校園故事，正是為小朋友而寫：
《玩兵捉賊的神奇結局》：四個小朋友玩兵捉賊，卻引出女廁四腳鬼撞牆的謎團，小學校園真是充滿搞笑式的恐怖驚慄？

《追蹤蟻哥的奇幻旅程》：玩捉迷藏卻變了發現螞蟻；要殺死螞蟻，卻又變成助蟻抗敵；然後又出現了風紀和校長，糟糕了？

《告狀班長的魔法奇緣》：班長威風凜凜，愛「摘名」，愛告狀，討人厭的班長為何變了性情？過程原來會令人看得嘻哈大笑的。

《渴望長大的六出奇計》：每個孩子都渴望長大，陳小熙想擺脫同學和妹妹，進行秘密行動；最後，他的行動卻又怎的變成互助合作的溫馨故事？

在此，我要多謝香港大學榮休教授程介明先生，程教授是香港教育的中流砥柱，對教育政策和方法素有研究；有了孫兒之後，程教授更對兒童教育及兒童文學的教育功能，有所注意，得到他肯定和鼓勵，實感榮幸。謝謝。

我要多謝英華小學前校長林浣心女士 MH JP，林校長經驗豐富，以愛心和創意治校，對無論男女學生，她都能夠以自己的童心童眼，發現孩子的資質品性，保護孩子可貴的好奇心。得到她對作品讚美欣賞，十分榮幸。謝謝。

還有，多謝新雅文化事業有限公司董事總經理兼總編輯尹惠玲女士賞識，要出版一些鬼馬調皮創意童趣的故事時，總會想起我，謝謝；還有編輯劉慧燕女士和黃稔茵小姐的用心跟進，謝謝。

希望這套《小學趣事多》，正如林浣心校長所說：

"It's a book too good to be missed."

十分好看，不容錯過，不看是損失！

孫慧玲

目錄

人物介紹

陳小熙

聰明精靈，活潑好動，喜歡上學，渴望獨自探索校園四周。

陳東

性格內向，膽子細小，不太敢說話，但擁有一顆樂於助人的心。

黃晶晶

平易近人，英文成績優秀，常常熱心教導同學英文。

何可人

開朗樂天，不拘小節，外向愛玩，和黃晶晶是出雙入對的好朋友。

第一章
失蹤的賊子

陳小熙升上小學，才第二周，便遇上了一件很奇怪、很奇怪的事。

到底是什麼事情呢？

小息時，陳小熙和同學陳東、何可人、黃晶晶等，在玩兵捉賊。

女孩子一組，男孩子一組。他們用剪刀石頭布的方法，決定哪一組做兵，哪一組做賊。

他們你追我逐，只要兵的一方，拍到賊的一方其中一人的身體，頸部以下的任何一處，便算勝利。之後，大家交換角色：做兵的改做賊，做賊的改做兵。

第一回合，女孩子做兵，男孩子做賊。

何可人和黃晶晶拚命地追陳小熙和陳東。

陳小熙高高瘦瘦，一雙腳好像充了電似的，跑得極快，還會用左閃右避的戰術！

女孩子也很聰明，她們知道小熙比陳東跑得快，身手敏捷，很難捉到他；但陳東戴着眼鏡，又是小胖子，兩人合力去追他，一定捉到他。

　　陳東被追得喘大氣，結果束手就擒。

第二章
被捉着的兵

第二回合，男孩子做兵，女孩子做賊。

「嘭」的一聲響，正在捉賊的小熙和陳東，冷不防撞到一個人的身上，差點跌倒在地上。

「哎喲！」小熙大聲呼痛。

「唷……唷……唷……唷……」陳東也痛得唷唷唷的直叫。

16

「兩陳小子」站穩雙腿，定睛一看，原來是班主任朱老師！

朱老師生氣了，罵道：「你們兩個，為什麼在走廊上奔跑？」

「你們在走廊上奔跑，是很危險的！」朱老師說。

小熙和陳東，十分害怕，小熙低頭肅立一旁，陳東卻掉頭逃走。

高年級風紀姐姐，早已站在樓梯轉角處，悄悄地等候着小一的頑皮鬼！

大家聽到「砰」的一聲，轉頭一看，陳東變了倒地大多瓜，被逮住了！

　　小熙和陳東這一下子可糟糕了！
他們闖了禍，一定會被罰的！
　　兩個小一學生低下頭，斜着眼，
瞄着朱老師和風紀姐姐，不敢說話。
陳東更害怕得兩眼噙着眼淚，急得想
小便了。

19

小息守則

1. 小息時，不可奔跑追逐，不得喧嘩。

2. 應當遵從老師及風紀的指導，服從他們的勸告。

朱老師要他們跟她讀出牆上「小息守則」的字句。

「下次再見到你們在走廊上奔跑，我便要處罰你們了，知道嗎？」

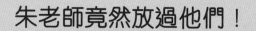

朱老師竟然放過他們！

太喜出望外了！小熙伸了伸舌頭，說：「謝謝老師。」陳東止住了眼淚，也不急小便了。

小熙心裏想：老師真好。

女廁的迷團

朱老師和風紀姐姐離去了。

這時候，小熙和陳東，卻發覺走廊上空無一人。

咦，何可人和黃晶晶呢？

小熙說：「我看見可人好像走進了洗手間。」

陳東眼淚乾了，說：「我們
去女廁！」

　　女洗手間門外，陳東伏在門邊，
側着身子，把頭伸進去探看。

　　「Stop！陳東，你不要窺看女廁啊。」
小熙拉着陳東，叫道。

　　小熙的叫聲，引來了其他同學，大家都好奇地擠在洗手間門口，伸長脖子，睜大眼睛，努力往裏瞧。

　　小熙告訴大家：「我看見何可人躲進洗手間的。」

　　於是，大家齊聲叫道：「何可人，你快出來！」

　　叫聲震天！

沒有回應！

小胖子陳東膽子小，心想：女廁一定是有鬼！

這時，一把女聲說：「你們兩個小鬼，在這裏幹什麼？」

「女聲」還摸着他們的頭！

小熙和陳東脖子一涼，大叫道：「鬼啊！」

大家紛紛轉頭，一看，原來是風紀姐姐！

陳東大着膽子搶着向風紀姐姐報告說：「我……我們和……和何……何可人及……及……及黃晶晶玩……忽……忽然不……不見了了……了……」

小熙見陳東說得結結巴巴，接口說：「我看見可人走進洗手間，但叫她卻沒有回應。」

女洗手間有六格，只有一格的門是上了鎖的。

大家蹲在門前，歪着頸，往關上門的廁格下面縫隙瞧。看不見腳！

即是說，廁格裏應該沒有人呢。

風紀姐姐走進洗手間，敲門，問道：「裏面有沒有人呀？」

沒有回應！

風紀姐姐正要再敲門，「鬼啊！」不知哪個頑皮的男孩子忽然大聲尖叫起來，風紀姐姐也被嚇了一跳，敲門的手停在半空中。

又一把頑皮鬼扮的女聲說：「沒鬼啊！沒鬼啊！」

　　惹得風紀姐姐也笑起來。

　　「哦，原來風紀也不兇惡的。」小熙心裏想。

　　小熙緊張地告訴風紀姐姐說：「我真的看見何可人走入廁所的啊！」

　　還有黃晶晶呢？她躲到哪裏去了？

　　廁格上了鎖，在下面卻看不見有腳，是什麼原因呢？

　　「門鎖着，卻不見腳，一定是有鬼呀！」膽小的陳東小聲對小熙說。

第四章
撞牆的四腳鬼

就在這時，「砰、砰」兩聲，清清楚楚的，在廁格內響起來。

「啊！」大家不約而同地叫道：「鬼在撞牆啊！」

「何可人，是你嗎？」風紀姐姐問道。

廁格裏面，靜悄悄的，沒有聲響；外面也一片寂靜，大家都緊張得憋着氣，不敢作聲。

「孫小玲，發生了什麼事？」說話的是一位風紀哥哥。

「王子奇，廁格上了鎖，敲門卻沒有人回應。」

原來風紀姐姐名叫孫小玲，風紀哥哥名叫王子奇。

朱老師來了。

風紀姐姐孫小玲立即向朱老師報告說：「朱老師，廁格上了鎖，同學們說，何可人在裏面，但是敲門卻沒有人回應。」

朱老師走進洗手間，拍門問道：「何可人，你在裏面嗎？」

就在這時，在門外的小熙大叫起來：「腳啊！腳啊！」

所有看熱鬧的同學，也紛紛伸手指着廁格下面叫道：「腳啊！腳啊！」

果然，廁格門下露出了腳！是四隻腳！穿着女孩子的鞋子！

「嘩！四腳鬼呀！」小朋友大叫道。

38

第五章
神奇的結局

門開了，一個廁格，竟然走出兩個人！

是何可人和黃晶晶！

「她們一起上廁所？」小熙說，惹得大人都笑了。

何可人和黃晶晶看見門外擠了一大羣人和老師，也被嚇了一跳。

而廁格內呢，座廁蓋板上清清楚楚留下四個黑色鞋印！她們上廁所竟然不揭開蓋板？

朱老師嚴肅地板着面孔，帶走了何可人和黃晶晶。

一羣好奇的小朋友也遠遠地跟在後面⋯⋯

何可人和黃晶晶今次有難了⋯⋯

他們聽見朱老師和兩個女孩的對話：

「你們為什麼蹲在座廁板上？」

「我們在玩兵捉賊。」

「玩兵捉賊是不用躲的啊。」

「弄髒了廁所板，是沒有公德心的。」

「朱老師，對不起，我們知錯了。」

「你們知錯很好，知道應該怎樣補救嗎？」

「……」

小朋友忽然看見朱老師別過臉，偷偷地笑了……

小讀者，你們說：朱老師不是正在教訓人嗎？為什麼又會偷笑呢？

玩兵捉賊，卻變成蹲廁所板的四腳鬼結局，你說神奇不神奇？

　　「小一真好玩，明天小息，還是要和同學們玩兵捉賊的。到時，看看何可人和黃晶晶還可以躲到哪裏！」小熙心裏想。

　　噢，不是，我有更好的主意。

　　陳小熙拉着陳東，兩個男孩子躲在一角，商量道：「明天小息，玩兵捉賊，輪到我們男孩子躲到男廁去，看兩個女孩子怎樣找到我們。」小熙提出鬼主意。

　　「知道我們躲在男廁，她們敢入來找我們嗎？」陳東說。

　　哈，小學趣事多！

　　趣事多又多！

親子共讀思考樂園

親子共讀有竅門

鼓勵孩子閱讀，需要一定技巧。家長可以從「講故事之前」、「講故事時」和「講故事之後」三個階段，掌握親子共讀的竅門。

講故事之前

1. **設立目標**：引導孩子培養品德與閱讀興趣、習慣和能力；
2. **調整心態**：放下一切，放鬆心情，用慈愛、愉悅與耐性來進行親子共讀；
3. **提前預習**：家長、老師自己要先讀過所選故事書；
4. **提前預備**：可以先預備閱讀活動所需工具，例如紙張、顏色筆、布偶等；
5. **不要拒絕和孩子共讀重複的故事。**

講故事時

1. 從封面開始，閱讀封面，研究封面，猜測故事；
2. 聲情並茂，用孩子熟悉的語言講故事；
3. 如有需要，可以稍為省略一些細節描述，維持孩子興趣；
4. 一邊閱讀，一邊提問，增進閱讀樂趣和感情；
5. 欣賞文字，擴大詞彙量，鍛煉觀察力。

講故事之後

1. 利用書後所附親子共讀樂園所設的各類問題，深化閱讀；
2. 引導孩子去揣摩和理解故事與人物的心情、情感和思想；
3. 不要忘記用白話文朗讀全文，增強孩子的語感；
4. 幫助孩子進一步掌握及熟悉字形、詞彙，提升語文能力；
5. 和孩子一起演繪本，讓孩子代入故事中的人物，建立情感和同理心。

達至目標：孩子逐漸過渡到自主閱讀

共讀提問貼士

和孩子精讀一本書，使孩子得到最大的閱讀益處，關鍵在於提問。

- 提問時，要注意孩子的能力，參照和選擇不同層面的問題來提問。
- 以下問題，只是列舉參考，家長可以按照孩子情況自行設問。

| 記憶性問題 | • 故事中有多少位小朋友玩兵捉賊？他們叫什麼名字？ |
| | • 四腳鬼的情節發生在什麼地方？ ① 課室　② 女廁　③ 操場 |

理解性問題
- 兩個男同學，走廊上遇到老師，有什麼反應？
- 女孩子為什麼要躲進廁所？

應用性問題
- 玩兵捉賊遊戲，可以躲藏起來嗎？說說玩兵捉賊的遊戲規則。
- 男孩子為什麼不進廁所找藏起來的「賊」？

分析性問題
- 何可人和黃晶晶為什麼要站在廁所板上呢？
- 風紀為什麼自己不處理問題，卻要請來老師呢？

評估性問題
- 有人躲進廁所，為什麼會吸引許多同學來觀看？
- 何可人和黃晶晶的行為可接受嗎？

創意性問題
- 如果是你做「兵」，你有什麼辦法能夠要躲在廁所裏的「賊」出來呢？
- 猜猜看：老師將會怎樣處理何可人和黃晶晶的欠公德行為？

小學趣事多①
玩兵捉賊的神奇結局

作　　者：孫慧玲
繪　　圖：山　貓
責任編輯：黃稔茵
美術設計：黃觀山
出　　版：新雅文化事業有限公司
　　　　　香港英皇道 499 號北角工業大廈 18 樓
　　　　　電話：(852) 2138 7998
　　　　　傳真：(852) 2597 4003
　　　　　網址：http://www.sunya.com.hk
　　　　　電郵：marketing@sunya.com.hk
發　　行：香港聯合書刊物流有限公司
　　　　　香港荃灣德士古道 220-248 號荃灣工業中心 16 樓
　　　　　電話：(852) 2150 2100
　　　　　傳真：(852) 2407 3062
　　　　　電郵：info@suplogistics.com.hk
印　　刷：中華商務彩色印刷有限公司
　　　　　香港新界大埔汀麗路 36 號
版　　次：二〇二二年六月初版

ISBN: 978-962-08-7967-8
© 2022 Sun Ya Publications (HK) Ltd.
18/F, North Point Industrial Building, 499 King's Road, Hong Kong
Published in Hong Kong, China
Printed in China